Caderno de Atividades Cortes Celestiais

Para Iniciantes

Um guia prático para apresentar seu caso

Ronald Montijn

Publicado por Seraph Creative

Caderno de Atividades Cortes Celestiais para Iniciantes

Um guia prático para apresentar seu caso nas cortes celestiais

Publicado por Seraph Creative
www.seraphcreative.org

Autor: Ronald Montijn
Conselho: Arjan Hulsbergen, Meindert Van
Design da capa: Naftali Services Amsterdam
Foto da capa: Marion de Jong https://propheticpainting.org/nl

Esta publicação é um acréscimo à versão em inglês de 'Courts of Heaven for Beginners'.

A informação é que este livro é composto com o maior cuidado possível. O Editor e o autor expressamente excluem qualquer responsabilidade por qualquer perda direta ou indireta ou dano de qualquer espécie, que seja o resultado do uso das informações contidas neste livro.

ISBN 978-1-922428-55-4

Copyright © 2021 Seraph Creative

Todos os direitos reservados. Nenhuma parte desta publicação pode ser reproduzida, distribuída, armazenada em um sistema de recuperação ou transmitida em qualquer forma por qualquer meio - por exemplo, mecânico, eletrônico, fotocópia, gravação ou qualquer outro - sem a permissão prévia do editor. Exceto no caso de breves citações incorporadas em análises críticas e certos outros usos não comerciais permitidos pela lei de direitos autorais.

Conteúdo

Introdução   5

1. O que está escrito em meu livro?   7

2. Descreva a Injustiça   23

3. Venha, Vamos Juntos Decidir Judicialmente   29

4. Referências Bíblicas   43

Introdução

Este livro é um complemento da publicação de 'Cortes celestiais para Iniciantes'. Você pode usar este manual para fazer as tarefas descritas no livro. Este manual o ajudará a preparar seu caso no tribunal, ir aos tribunais do céu e receber um veredicto.

Você pode usar este manual para preparar e apresentar vários processos judiciais. Você tem permissão para fazer cópias desta pasta de trabalho para uso pessoal. Os capítulos 2 e 3 são úteis em particular, onde você descreve a injustiça que foi infligida a você e apresenta seu caso ao juiz.

Depois de apresentar seu caso, faça anotações e salve-as. Conforme descrito no livro, a anotação do veredicto é muito importante. Você faz uma cópia válida na terra para o que foi realizado no céu. Quando você não encontrar nenhuma melhora em sua situação pessoal depois de apresentar seu caso e receber um veredicto, você pode usar suas anotações para pedir conselho a outra pessoa.

Um aviso com antecedência

Este caderno de atividades é um acréscimo ao livro e não o contrário. Como descrevi no livro, é importante ler a primeira parte dele. Posso compreender que esteja ansioso para apresentar o seu caso no tribunal, mas é importante uma boa preparação do seu caso. É importante na terra e é igualmente importante para o caso do tribunal no céu. Portanto, leia o livro antes de começar a fazer as atividades neste manual.

1

O que está escrito em meu livro?

Este capítulo te ajudará a obter uma imagem mais clara sobre o que está escrito em seu livro ou pergaminho. Nosso Pai celestial deu a todos nós um destino e uma designação para cumprir isso na Terra. Essa tarefa está escrita no que a Bíblia chama de livro de nossas vidas. Cada pessoa tem um destino e uma missão específicos, ninguém é capaz de cumprir essa missão do que você sozinho.

O livro selado

Como você deve ter lido no livro, o inimigo é capaz de colocar selos em nosso pergaminho. Por causa desses selos, você não consegue ler o conteúdo do seu pergaminho. Quando isso acontece, você não tem uma ideia clara do que fazer da sua vida. E por causa disso você não é capaz de tomar as decisões corretas que estão de acordo com a designação que Deus lhe deu.

Esta é a razão pela qual, muitas pessoas fazem grandes mudanças na casa dos 40 anos. Eles finalmente começam a entender o que devem fazer com suas vidas. Aqueles que têm a coragem de fazer as mudanças necessárias se beneficiarão muito com isso. Aqueles que não conseguem enfrentar o que chamamos de "crise da meia-idade", sabem que a mudança é necessária, mas não têm coragem de agir em conformidade.

Quando os selos do seu pergaminho são quebrados, o conteúdo se torna visível e então você pode cumprir seu destino. Isso acontece na visão que João descreve em Apocalipse 5. Ele vê um rolo que está selado com sete selos. Ele chora muito porque ninguém consegue quebrar os selos e abrir o livro. Até que Jesus venha, Ele é o único capaz de libertar o seu destino.

Portanto, os pergaminhos podem ser selados e precisamos descobrir quem os selou e o que podemos fazer a respeito. Às vezes, Satanás ganhou autoridade para colocar selos em seu pergaminho porque seus ancestrais fizeram uma aliança com o príncipe das trevas. Pense, por exemplo, na maçonaria ou em outros cultos. Quando seu ancestral faz uma aliança, os termos dela são escritos e selados com sangue. O ancestral recebe poder ou riqueza em troca dos destinos de suas gerações futuras.

Por isso precisamos pedir ao Espírito Santo que nos mostre se este é o caso em nossas vidas. Não é sábio começar a limpar sua linhagem desde Adão, sem a orientação e instruções do Espírito Santo. Por ignorância ou falta de entendimento, podemos fazer mais mal do que bem. Lembre-se das leis espirituais: 'Aquilo em que você foca, você dá poder'. Então, por favor, não ore usando todos os tipos de orações maçônicas de libertação na esperança de que isso resolva seus problemas. Tive que descobrir da maneira mais difícil que, quando não for feito por ordem do Espírito Santo, ocorrerá uma reação adversa.

Portanto, precisamos investigar com cautela nossa linhagem. Pergunte ao Espírito de Sabedoria ou Revelações qual a melhor maneira de lidar com isso. Lembre-se de que só precisamos saber se existem selos em seu pergaminho que o impedem de cumprir seu destino e como se livrar deles. Investigue sua história ancestral, pergunte a um membro da família se ele conhece histórias estranhas em sua linhagem familiar e pessoas sábias de sua família. Existem mortes prematuras, certos vícios ou comportamentos familiares que lhe dão uma pista das influências demoníacas em sua família. Existe uma perda de propriedade ou riqueza que foi roubada ou destruída por causas naturais. Essas perguntas ajudam você a entender se e como o inimigo tentou influenciar sua vida e matar e destruir seu destino.

Lembre-se de que o mandato que você tem para agir nas cortes do céu está conectado com o mandato que está escrito em seu pergaminho. Portanto, saber o que está escrito em seu pergaminho é saber qual é seu mandato no tribunal. No parágrafo seguinte, você pode descrever quais selos você descobriu em seu pergaminho. Você pergunta ao Espírito Santo qual é a maneira correta de quebrar esse selo. Às vezes, podemos fazer isso simplesmente nos arrependendo dos pecados de nossos ancestrais. Mas às vezes precisamos do nosso Senhor Jesus Cristo para quebrar os selos.

Quando você começar a preparar seu caso, pergunte se você tem permissão para quebrar os lacres e o que você precisa fazer para que isso aconteça. João chorou por muito tempo porque ninguém poderia quebrar os selos do livro para a raça humana. Suas lágrimas possibilitaram que Jesus quebrasse os selos do livro que viu. Você nunca sabe o que é necessário até que pergunte.

E lembre-se, se um selo for quebrado do pergaminho, as coisas começarão a acontecer. O poder do pergaminho é liberado quando os selos são quebrados. O céu e a terra respondem às vezes com violência quando partes do livro são abertas e o conteúdo está sendo revelado.

Que selos há no meu livro?	Como posso quebrar esses selos?
1.	1.
2.	2.
3.	3.
4.	4.
5.	5.
6.	6.

7.	7.

Que oposição você tem experimentado em sua vida?

O principal objetivo de satanás é impedir-nos de cumprir nosso destino de todas as formas que ele puder. A regra mais importante que ele tem que obedecer é que ele nunca pode tocar o livre arbítrio dos homens. Antes dele causar qualquer aflição aos seres humanos, ele deve primeiro pedir permissão nas cortes do céu. Jesus deixou isso claro em Lucas 22:31, onde afirma que satanás exigiu que os discípulos fossem peneirados como trigo.

Todos nós enfrentamos circunstâncias difíceis em nossa vida. Algumas situações são o resultado de nossas próprias decisões estúpidas e erros. Algumas vezes o Espírito Santo nos leva ao deserto para aprender a confiar em Deus. E às vezes Satanás pode nos peneirar como trigo, assim como fez com os discípulos e com Jó.

Mas quase sempre há um padrão a ser encontrado, se você procurar por ele. Porque o que Deus quer fazer é fortalecer sua habilidade de cumprir seu destino. E a melhor maneira de fazer isso é suportar as adversidades para que, se você decidir vê-las dessa forma, você saia mais forte e melhor equipado. Como dizemos nas forças armadas: 'Treine enquanto luta'. Mas na maioria das vezes não vemos o padrão porque nunca o procuramos.

Por isso, é importante sentar e reservar um tempo para listar todas as dificuldades que você suportou em sua vida. É importante equilibrar suas emoções ao rever esses momentos difíceis. Você pode reconhecê-los, mas não deixe suas emoções falarem. É importante reconhecer que Deus é capaz de fazer tudo em sua vida da melhor maneira. Só então você será capaz de ver a mão da redenção sobre sua vida.

Portanto, use a tabela a seguir para anotar quais ataques você experimentou em sua vida. Escreva o que aconteceu, quando aconteceu, quem estava envolvido e o que isso fez com você. Em seguida, procure nas Escrituras um texto que lhe dê conforto ou uma promessa de Deus de que você é um vencedor. Se você ainda está lutando contra o ataque, use as promessas de Deus para vencer. Tente descrever em que área de sua vida você é mais atacado. Por exemplo, você tem medo de falar em público, tem más lembranças de quando estava na escola apresentando seu dever de casa? Você é ridicularizado pela família ou pelos amigos quando apresenta algo? Os colegas criticam você quando você faz uma apresentação? Se sim, então há uma grande chance de você ter um chamado para pregar ou ensinar. O inimigo está atacando seu destino, lembra?

Que oposição você tem experimentado?	Quais são as promessas da Bíblia?
1.	1.
2.	2.
3.	3.
4.	4.
5.	5.

Nossa Personalidade É Um Dom

Sua personalidade é criada por Deus para ajudá-lo a ter sucesso na realização de sua missão. Você não pode julgar alguém por sua personalidade, porque não existe personalidade certa ou errada. Todos receberam uma personalidade única que permite que você cumpra seu destino como ninguém mais pode. Às vezes, nosso ambiente não consegue lidar com nossa personalidade, então, para evitar a dor, nós nos ajustamos. Mas, ao fazer isso, você está diminuindo seu ritmo, roubando-lhe as forças necessárias para cumprir sua tarefa única dada por Deus. Portanto, é importante entender como é a sua personalidade original, para que você possa discernir seus pontos fracos e fortes. Existem muitos testes disponíveis que podem ajudá-lo a descobrir que personalidade você tem. O teste DISC é apenas um exemplo.

O teste DISC distingue entre quatro tipos de personalidades. O primeiro tipo é baseado em ser orientado para a tarefa ou orientado para as pessoas. O segundo tipo diz respeito à sua capacidade de tomar decisões: você decide rapidamente ou com o tempo? O teste ajuda você a entender as armadilhas e os pontos fortes de cada personalidade. Também o ajuda a entender se seu comportamento é resultado das circunstâncias ou de sua força interior.

O resultado do teste geralmente é uma combinação de dois ou três estilos de personalidade. O primeiro estilo é a "Personalidade dominante", o segundo estilo é a "Personalidade influente", o terceiro estilo é a "Personalidade de estabilidade" e o quarto é a "Personalidade de consciência". Na tabela a seguir, você verá uma ilustração muito simples das principais características de cada estilo.

Vamos revisar os termos na primeira coluna à esquerda. Como é o seu mundo ideal? Em outras palavras, quais fatores ambientais estão lhe dando energia? Qual é o seu maior medo ou do que você realmente tem medo? Qual é o seu foco de tempo? Em que prazo você está vivendo? Você quer tudo agora ou está sempre olhando para o passado? Como você expressa suas emoções? Que tipo de perguntas você faz aos outros ou a si mesmo? E, finalmente, qual é o seu maior motivador para trabalhar com outras pessoas?

Apresentação Simples dos Estilos de Personalidade DISC

	Dominante	Influente
Mundo Ideal	Cheio de desafios	Diversão
Maior Medo	Perda de controle	Rejeição
Foco no Tempo	Tem que acontecer agora	Amanhã está bom
Emoções	Nervosismo	Felicidade / Otimismo
Tipo de Questão	O quê?	Quem?
Motivação	Ser importante	Ser reconhecido
	Consciencioso	**Estável**
Mundo Ideal	Tudo é perfeito	Tudo é pacifico
Maior Medo	Ser criticado	Perda de segurança
Foco no Tempo	Vive no passado	Vive no presente
Emoções	Medroso e cuidadoso	Preocupado
Tipo de Questão	Por quê?	Como?
Motivação	Estar certo	Construir relacionamentos

O Pai Quer O Melhor Para Você

Às vezes, pensamos que é o prazer de Deus nos dar uma tarefa que odiamos. Gostamos muito do calor tropical e das praias, mas Deus certamente nos enviará às regiões polares para ensinar os esquimós.

Reconhecemos esse padrão de crença? Mas nosso pai é um bom pai. Ele conhece os desejos do seu coração e o que é adequado para você. Ele o tornou perfeito e o ama muito. Isso significa que a tarefa que Ele lhe deu está completamente sintonizada em quem você é e não o contrário.

A bondade de Deus é avassaladora. Quando você está fazendo o que Deus pediu que você fizesse, você ganha vida. Não é uma punição ou um fardo carregar a tarefa de seu Pai. Você foi criado com uma paixão interior que lhe permite superar todas as dificuldades que encontrar. Faça as coisas que você gosta naturalmente; coisas que lhe dão energia e pelas quais você é apaixonado. Reserve um momento para se sentar e anotar as coisas na vida com as quais você realmente se preocupa e o que odeia fazer. Ao fazer isso, você fica mais perto de saber qual é a atribuição de Deus.

Esta é a essência do coração de Deus para sua vida. Você ficará feliz quando estiver fazendo o que Deus colocou no seu coração.

Apenas uma pequena observação. Não confunda as paixões que Deus lhe deu com seus desejos da alma pelas coisas deste mundo. Seja honesto consigo mesmo e examine suas paixões junto com o Espírito Santo. Ele é quem pode te mostrar os melhores caminhos. O que é verdadeiramente dEle e quais são os desejos mundanos? É uma grande alegria estar ocupado realizando seus sonhos e paixões.

Nada em sua vida deve ser mais importante do que seguir o destino e o chamado que Deus lhe deu. Não há maior satisfação encontrada do que caminhar junto com seu Pai celestial e fazer as coisas que vocês dois gostam de fazer. Deve ser o foco central de nossas vidas. Se você não está ocupado cumprindo seu destino e missão, é provável que esteja ocupado trabalhando para outra pessoa. Você pode acabar com as mãos vazias. Portanto, tome coragem e comece a escrever o que é importante na SUA vida.

1. Quais coisas você ama fazer? O que incendeia o seu coração?

2. Qualquer irritação em sua vida tem o potencial de se tornar uma pérola. Quais são as coisas que mais te irritam? O que o mantém acordado à noite, o que o deixa com raiva? Sua raiva e frustração em relação a um determinado assunto estão enraizadas no fato de que você está vendo algo que não está certo. Você pode ver a injustiça e quer fazer algo a respeito.

3. Quando tudo é possível e não há restrições em termos de dinheiro ou potencial, qual é o sonho que você correria atrás? E o que você pararia de fazer?

Todos Nós Temos Um Talento Especial

Deus deu a você todas as habilidades e talentos de que você precisa para cumprir sua tarefa. Se Ele o chamou para escrever e tocar a música celestial na terra, você é naturalmente dotado para isso. Você ainda terá que aprender e praticar bastante para desenvolver seu talento e habilidades. Mas você pode ter mais sucesso do que alguém que não seja tão talentoso quanto você.

Não se menospreze. Você tem talentos, habilidades que ninguém mais tem. Você tem o dom único de realizar essa tarefa especial. Esta é a razão pela qual é importante olhar genuinamente para si mesmo e examinar seus talentos. O Pai concedeu um conjunto único de presentes a você, você recebeu o que é necessário para ser bem-sucedido.

Quantas vezes vemos que os competidores de um show de talentos têm apenas um sonho: mostrar seu talento para o mundo inteiro, custe o que custar? Escreva as coisas que são fáceis para você, mas difíceis para os outros. Quando as pessoas pedem sua ajuda, o que elas querem de você?

Anote as coisas em que outras pessoas ficam genuinamente surpresas com você porque vêem como essas coisas são fáceis para você fazer. Essas são coisas para as quais você está equipado; que cabe em você como uma luva. Você vê imediatamente o que precisa ser feito e você é natural. Não se afaste desses presentes. Abrace seus talentos e habilidades e os desenvolva.

1. O que outras pessoas dizem que são suas principais habilidades?

2. O que outras pessoas pedem que você faça por elas? Quando eles pedem que você faça isso, significa que eles acham que você tem mais talento para fazer isso. Faça a si mesmo esta pergunta: Gosto de fazer o que outras pessoas me pedem para fazer?

3. Algumas pessoas são tão focadas em si mesmas que vivem em seu próprio mundinho. Mas talvez você veja as coisas que precisam ser consertadas, enquanto outros não. Descreva as coisas às quais você normalmente presta atenção, onde os outros nem mesmo observam.

4. Você já teve os pensamentos: 'Posso fazer isso melhor do que ele?' Ou você inveja alguém que está realizando uma tarefa importante? Quando você tiver esses pensamentos ou emoções, não pense mal de si mesmo. Pode ser que você tenha essa experiência porque está conectado ao talento e às habilidades de outra pessoa. Quem são seus modelos, quem você gostaria de ser?

A Confirmação Profética

Alguns receberam uma palavra profética sobre sua vida. Palavras proféticas ajudam você a encontrar a direção certa na vida. A profecia o encoraja, apoia e corrige. É útil anotar cada palavra profética que você receber.

Procure o resultado final em todos esses incentivos. A maioria das profecias confirma o que você já sabe por dentro. Essas profecias o encorajam a ir mais longe na realização de seu destino.

Escreva quais encorajamentos proféticos e confirmações que você recebeu. Em seguida, pense sobre o traço comum em todas essas palavras. Você não precisa anotar todos os detalhes, apenas destaque as palavras-chave importantes.

1. Assim como os profetas fazem na Bíblia, escreva a hora, o lugar e o nome da pessoa que lhe deu a palavra profética.

2. Descreva os elementos em todas essas palavras que lhe dão algumas dicas sobre o seu destino.

3. Quais encorajamentos você recebeu?

4. Quais são os denominadores comuns?

O Quadro de Humor

Talvez, criar um quadro de humor pode te ajudar. Na Holanda, temos um programa de televisão onde eles ajudam você a redesenhar sua casa. Para criar uma nova sala de estar, os candidatos criam um ambiente ou quadro de visão. Eles usam revistas, recortando qualquer imagem que os ajude a mostrar sua visão emocional, ou humor, sobre o quarto dos sonhos.

O mesmo se aplica ao nosso desejo de cumprir o destino que Deus nos deu. Nós realmente ficaremos entusiasmados quando caminharmos na caminhada de Deus. Às vezes, o caminho pode ser difícil, mas há algo dentro de nós que se alegra porque sabemos que estamos no caminho certo.

Tente expressar as emoções ou o humor que você sente quando pensa sobre a realização de seus sonhos. Pode ser útil explorar alguns sites com dicas práticas sobre como criar um quadro de humor.

Pegue um grande pedaço de papel e um monte de revistas. Percorra as páginas e escolha as imagens que expressam seu humor geral. Talvez você não seja tão bom nisso, mas se você pedir a alguns amigos para fazerem isso juntos, será muito divertido.

Qual é meu mandato?

Depois de executar todas as tarefas deste capítulo, você pode começar a descrever o conteúdo do seu pergaminho. Agora você sabe o que gosta de fazer, onde é bom e qual é a sua paixão. Haverá profecias que irão confirmar isso. Agora você pode entender melhor por que tem enfrentado tanta oposição em certas áreas de sua vida.

Quando você começa a escrever seu pergaminho, você também está descrevendo o mandato que recebeu do Senhor. Este mandato permite que você apresente seu caso nas cortes do céu. Você tem o mandato de silenciar todas as vozes que vierem contra você nas cortes do céu. Cada voz que o impede de cumprir seu destino na terra.

Com base em seu destino, você recebeu o mandato de Deus para operar na terra e usar tudo o que Deus lhe deu para cumprir sua tarefa. Você agora está legalmente autorizado a silenciar todos os adversários nas cortes do céu. Você deve dizer não a qualquer circunstância que o impeça de cumprir sua tarefa.

Você também pode descobrir que fez algumas escolhas erradas em sua vida (não fizemos todos?). Escolhas que não contribuem para a execução da tarefa que você recebeu de Deus. Você pode pedir perdão e sabedoria sobre como lidar com as consequências negativas dessas escolhas.

Reserve algum tempo para descrever em poucas frases qual mandato você recebeu para cumprir sua tarefa. Descreva também as coisas que você precisa especificamente para executar isso. Você pode precisar de mais autoconfiança ou alguma cura física para começar a se mover em seu destino.

1. Esta é a designação que recebi de meu Pai celestial, para que eu pudesse glorificar Seu nome na Terra.

2. Agora descreva as pessoas na Bíblia ou na vida pública onde você reconhece seu chamado. Apoie isso com alguns versículos que você gosta.

3. Para ter sucesso em cumprir meu destino, exijo que os seguintes atributos sejam restaurados em minha vida. Essas coisas foram roubadas de mim ou de minha família, e eu as exijo de volta em minha vida e na vida de meus familiares.

2
Descreva a Injustiça

Neste capítulo, você descreverá a essência do seu caso no tribunal. Como você viu no livro, você precisa pegar um único assunto. Não tente apresentar um caso baseado em tudo o que está acontecendo em sua vida. Fale sobre um único problema de forma simples. Lembre-se de que você ainda está aprendendo a fazer isso. É importante se familiarizar com o procedimento antes de começar a apresentar casos muito emocionais ao Senhor. Ao praticar, você não apenas obterá mais experiência, mas também aumentará sua autoridade nas cortes do céu.

1. Descreva a injustiça que deseja apresentar em tribunal. Mantenha a simplicidade e atenha-se ao essencial. Apoie sua afirmação com as Escrituras. Você não precisa enviar um documento legal formal, mas seja específico sobre o que aconteceu. Não diga que essa pessoa te machucou, mas diga o que essa pessoa fez, quando foi e o que isso fez com você. Em seguida, cite alguns textos bíblicos que apoiam seu ponto de vista de que o que aconteceu com você é uma injustiça.

2. Quem te injustiçou? Diga o nome da pessoa, a organização que o tratou injustamente.

3. O que você fez para restaurar o relacionamento. Você procurou a paz? Siga o padrão que Jesus descreveu em Mateus 18: 15-17. Quando tiver feito isso, nomeie as testemunhas que trouxe com você.

4. Qual foi a sua parte no conflito. Que palavras você falou, o que você fez que prejudicou as outras pessoas?

5. Mude de lado e tente imaginar por que as outras pessoas se comportaram daquela maneira. Quais são as acusações que eles fizeram contra você? Quais são verdadeiras?

6. Quais são as mentiras que eles estão contando sobre você? O que seus amigos fizeram quando souberam dessas acusações? Eles concordaram com você ou mostraram as crenças ímpias que você mesmo tem?

7. Proclame a justiça do Senhor. Descreva quais promessas Deus deu a você em Sua Palavra que dizem como Ele pensa sobre a injustiça que foi feita a você. Leia os Salmos e veja como Davi está falando com Deus sobre todas as injustiças que seus inimigos infligiram a ele. Em seguida, leia as respostas que ele escreve no final da maioria dos Salmos.

As Promessas do Senhor	Versículo de referência

3

Venha, Vamos Resolver Judicialmente

Nesta parte iremos ao tribunal. Descrevemos e tomamos as medidas necessárias para que possamos apresentar nosso caso perante o Juiz Eterno. Você tem permissão para fazer cópias dessas páginas, desde que tenha comprado o caderno de atividades, para usá-las em cada caso que deseja apresentar. Você seguirá as mesmas etapas descritas no livro. Para sua conveniência, copiei todas as orações que foram escritas no livro.

Nome:		Data	
Testemunhas			

> **Qual é a essência de seu caso?**
>
> Descreva qual é a injustiça pela qual você deseja ir a tribunal. Você descreveu isso no último capítulo. Basta mencionar a essência aqui.

Preparação para a Sessão da Corte

Neste capítulo, você é guiado passo a passo para cada estágio do julgamento. Com o intuito de ajudá-lo, todas as orações são escritas para que você possa pronunciá-las em voz alta. Quando você tiver feito sua lição de casa, todas as tarefas dos capítulos anteriores estarão concluídas. Isso inclui a investigação do conteúdo de seu pergaminho, de modo que você saiba que mandato você tem a fim de pleitear corretamente. Você também pesquisou qual injustiça foi cometida contra você e que papel desempenhou no conflito. Você escolheu um único assunto, não todas as injustiças de toda a sua vida.

Você abençoou seus inimigos e pediu perdão pelas coisas que fez no conflito. Durante esta sessão, tudo o que for mencionado será tratado. Gaste o tempo que for preciso para entrar no descanso do seu Pai. Tome providências para não ser incomodado. (Desligue seu celular!). Será muito benéfico para você fazer isso com outra pessoa, especialmente quando fizer isso pela primeira vez. Juntos, vocês são muito mais capazes de perceber o que está acontecendo no tribunal celestial. Talvez vocês possam fazer a ceia antes de começar.

Ao preparar a sessão do tribunal, é bom começar a agradecer a Deus em oração. Enfatize que você está entrando em Seu tribunal para exaltar Seu nome. É seu desejo que a vontade Dele seja feita na terra como no céu. Diga a Ele que você não busca a sua própria honra, mas a honra do Todo-Poderoso, de Seu Filho Jesus Cristo e do Espírito Santo. Confesse que a retidão e a justiça são a base de Seu trono.

> Juiz celestial, você me convidou a apresentar meu caso diante de você. Pela fé entro nas cortes do céu. Agradeço-lhe por ser bem-vindo e por me dar a oportunidade de apresentar meu caso aqui. É meu desejo que o seu Reino seja estabelecido na terra, assim como no céu.
>
> O objetivo principal deste caso é exaltar e honrar Você. Não estou buscando minha própria honra, mas apenas a sua. Agradeço-lhe, pois o sacrifício de Jesus Cristo na cruz torna tudo isso possível. Agradeço a você pelo Espírito Santo que está intercedendo por mim com gemidos inexprimíveis.
>
> Confesso que retidão e justiça são os alicerces do Teu Trono. É meu desejo que estas também sejam a base de minha vida.
>
> Juiz Celestial, peço que você coloque uma redoma, uma chuppah sobre o lugar em que estamos agora. Eu te peço que esta redoma seja coberta com o Sangue do Cordeiro e com o fogo do Espírito Santo.

Abrindo a Sessão da Corte

Nesta parte, você reconhece a autoridade do juiz em geral e exige que todos os presentes nesta sessão do tribunal façam o mesmo. É muito importante que você fale apenas com o Juiz Celestial. Tudo o que está sendo dito é falado a ele. Assim como em um tribunal terrestre, o juiz abrirá a sessão.

> Juiz Celestial, eu compareço diante de Ti em nome do Senhor Jesus Cristo e no sangue do Cordeiro. Eu reconheço que Você tem todo o poder no céu, na terra e sob a terra. Você tem todo o domínio. Eu reconheço que este tribunal está autorizado a dar um veredicto no caso que é apresentado a você. Juiz Celestial, peço-lhe que abra esta sessão do tribunal.
>
> Solicito também que todos os envolvidos neste processo estejam presentes neste tribunal. Peço que todos os livros que tenham relevância sejam abertos. Nós nos sujeitamos e todos os presentes sob o poder do sangue do Cordeiro.
>
> Declaro que direi a verdade e nada além da verdade, não reterei nada durante esta sessão. Declaro que fiz todas as coisas razoáveis para restaurar o relacionamento com meu oponente, para resolver a injustiça que experimentei.

Confissão de Fé

Assim como em um tribunal terreno, é importante que sua identidade seja confirmada. Esta é a razão pela qual você professa sua fé; para que todos na corte celestial saibam quem você é e qual é a sua posição. Você também assume sua responsabilidade pelas iniquidades e pecados de seus antepassados. Você age como um sacerdote em nome deles. Isso evita que Satanás use os pecados de seus ancestrais como base para dizer que você é inadmissível. Ao declarar essa confissão de fé, você também lida com quaisquer juramentos ou pactos feitos ou selados por seus antepassados.

> Juiz Celestial, eu .... (nome completo) confesso que Jesus Cristo de Nazaré veio em carne. Confesso que Ele morreu na cruz e que derramou Seu sangue para a salvação de minha alma. Confesso que Seu Filho ressuscitou dos mortos e agora está ao meu lado para interceder por mim. Confesso que este Jesus é o Cristo e meu Senhor.
>
> Juiz Celestial, peço que me julgue de acordo com a Sua Lei perfeita, a Torá. Confesso que sou responsável por todas as transgressões, pecados e iniquidades que cometi. Eu também confesso isso em nome das transgressões, pecados e iniquidades de meus ancestrais. Assumo a responsabilidade por suas ações e suas consequências.

Reserve um momento para refletir sobre sua vida e confesse pecados ou comportamentos específicos com os quais acha que precisa lidar.

Eu me posiciono em Cristo. Eu morri na cruz com Ele. Eu peço que o Senhor coloque qualquer punição por meus pecados em Cristo lá na cruz. Peço perdão por todas essas transgressões, pecados e iniquidades, com base no sacrifício de Jesus Cristo na cruz e no sangue do Cordeiro que foi derramado por mim. Peço que julgue todos os que estão envolvidos nesta sessão do tribunal da mesma maneira.

Declarando Seu Mandato

Depois de preparar o seu caso no tribunal, você determinou o mandato para apresentar este caso específico ao Juiz Celestial. Você está apresentando seu caso porque há uma injustiça pessoal ou porque outra pessoa o mandou defender o caso. Você estabelece este mandato antes de começar. A pessoa que está pedindo a você que os apresente na corte celestial deve, é claro, estar autorizada a fazê-lo.

Juiz Celestial, com base no destino que Você me deu, ou com base no poder que me foi dado, declaro que estou mandatado para apresentar este caso a Você e pleitear em conformidade.

Juiz Celestial, Você me deu a missão de cumprir este destino na terra. Declaro que Satanás está me obstruindo para me impedir de realizar este destino de acordo com a Sua vontade.

Perdoe e Seja Perdoado

Durante sua preparação, você descreveu a injustiça que foi feita a você. Este é o momento de reservar um tempo e pedir perdão pelo papel que você desempenhou no conflito. Você perdoa aqueles que o machucaram. Você declara uma bênção sobre a vida deles. Quando uma organização o prejudicou, perdoe aqueles que são responsáveis. Não deixe uma raiz de amargura crescer em seu coração. Revogue a palavra negativa que você falou com raiva ou frustração.

> Eu perdoo aqueles que me machucaram de alguma forma. Eu escolho não ser amargo, mas fazer tudo o que puder para restaurar o relacionamento. Eu revogo quaisquer palavras negativas que falei sobre meu oponente por raiva ou frustração. Peço que essas palavras sejam apagadas pelo sangue do Cordeiro, de qualquer livro onde possam ter sido escritas.
>
> Peço perdão por cada papel que desempenhei neste conflito que tenho com meu oponente. (Seja específico de como você foi responsável.)
>
> Peço perdão a qualquer pessoa que tenha sido prejudicada de alguma forma. Peço a restauração dos danos que essas pessoas sofreram em decorrência das coisas que fiz ou disse.

O Apelo

Com base na injustiça que foi infligida a você, você deve apresentar queixa perante o Juiz Celestial contra seu oponente. Você tem permissão para pedir indenização por quaisquer perdas ou danos que tenha sofrido. Peça a restauração de seu destino e de tudo que foi ilegalmente roubado de você. O Juiz Celestial tomará a decisão final sobre a legitimidade de suas demandas.

Durante este apelo, você explica que injustiça foi feita a você. Você nomeia os fatos, apresenta as evidências e diz ao juiz que tipo de perda você experimentou. Então você explica quem você acha que é o responsável por isso. Não se esqueça de que você só se dirige ao Juiz Celestial; você não fala com as outras partes presentes.

Tente ser o mais específico possível, mas evite histórias longas. Deixe que a Palavra de Deus seja a base de sua súplica, não apenas para descrever a injustiça, mas também para apoiar seus pedidos de indenização. Use as notas que você escreveu ao cumprir as atribuições dos capítulos anteriores.

Anote os pontos essenciais de sua súplica e decretá-los.

Juiz Celestial, eu apresento acusações contra .... (cite as pessoas / organizações) que me injustiçaram. Peço que os julgue assim como me julgou. Juiz Celestial, eu peço, de acordo com minha confissão, que Você negue aos meus oponentes quaisquer direitos legais para me impedir por mais tempo na realização de meu destino.

Juiz Celestial, eu voluntariamente me separo de qualquer vantagem que eu, ou meus ancestrais, tenhamos recebido como resultado de qualquer aliança feita com os poderes das trevas. Eu peço que qualquer aliança feita entre os poderes das trevas e minha linhagem seja dissolvida. Eu renuncio a qualquer reivindicação que Satanás tenha sobre minha vida e minha linhagem.

Juiz Celestial, peço que os papéis do divórcio sejam redigidos e peço que Você os assine para que possam ser cumpridos. Exijo que qualquer selo que qualquer inimigo ou oponente tenha colocado em meu pergaminho seja quebrado para que meu pergaminho possa ser aberto e lido.

Juiz Celestial, peço uma compensação adequada por qualquer dano ou perda que essas injustiças tenham causado em minha vida.

Determinando a compensação

Quando você pedir uma compensação, seja específico. Por exemplo, você pode mencionar que seus oponentes cumprem as promessas feitas, como libertação, cura ou restauração. Tenha cuidado para que suas demandas não venham de seus desejos carnais, mas estejam alinhadas com a vontade de Deus para sua vida. A vontade de Deus não é difícil de entender. Ele deseja o que é bom, agradável e perfeito para sua vida. Cite as pedras de limite que você deseja colocar, a fim de diminuir o poder de Satanás sobre sua vida.

Meu pedido por compensação	Promessa Bíblica

Termine sua oração abençoando as pessoas que se opõem a você neste caso. Proclame que eles também realizarão seu destino dado por Deus. Peça que tudo o que pertence a eles seja limpo pelo sangue do Cordeiro.

> Juiz celestial, eu abençoo as pessoas que se opuseram a mim aqui em sua corte. Peço que os perdoes, como eu os perdoei, por todas as injustiças que fizeram a mim e aos meus ancestrais.
>
> Peço que você os livre de qualquer opressão do inimigo de suas vidas. Peço que eles também cumpram o destino que Você lhes deu.
>
> Peço que todos os bens, casas, contas financeiras, mercadorias de cada pessoa que está presente aqui nesta sessão do tribunal sejam purificados pelo Sangue do Cordeiro. Que estes possam ser usados para a restauração do Seu Reino aqui na Terra.

Depoimentos E Evidências De Testemunhas

Assim como em um tribunal terreno, todas as partes têm a oportunidade de falar. O seu oponente pode apresentar a sua declaração na sala do tribunal, a fim de apresentar também o seu ponto de vista. Peça a seus amigos que estão com você nesta oração para escrever o que eles experimentam ou percebem.

> Juiz Celestial, peço-lhe que permita que meu oponente apresente seu caso. Também peço que dê às testemunhas a oportunidade de testificar. Peço que quaisquer acusações ocultas ou públicas contra mim sejam apresentadas ao tribunal. Também peço que qualquer evidência seja apresentada.
>
> Juiz celestial, peço-lhe que me mostre quais acusações contra mim têm um direito legal. Assumo a responsabilidade por tudo de que sou acusado e confesso isso na Sua presença.
>
> Eu invoco o sangue do Cordeiro para receber perdão por todas as minhas transgressões.
>
> Juiz celestial, eu te peço, de acordo com o sangue do Cordeiro, para destruir todas as evidências apresentadas contra mim.
>
> Eu decreto e declaro que todas as evidências são pregadas na cruz. Eu decreto e declaro que Jesus Cristo venceu todos os meus inimigos. Porque estou crucificado com Cristo, eu também venci todos os meus inimigos.

O Veredicto do Juiz

Depois de apresentar acusações contra seu oponente perante o juiz, você pede a Ele que dê um veredicto e atenda às suas demandas. Peça àqueles que oram com você que lhe digam o que perceberam no tribunal. Depois de receber o veredicto por escrito do Juiz Celestial, você precisa anotar esse veredicto. Você também pode registrar qualquer revelação profética que seus amigos recebam, mas é importante anotar o veredicto do juiz.

> Juiz Celestial, peço que dê um veredicto em meu nome com relação às acusações que apresentei diante de Você. Peço que atenda minhas demandas. Também peço que entregue o veredicto e os papéis do divórcio que o acompanham. Obrigado, Juiz Celestial, por julgar com justiça. Acredito que recebi Seu veredicto junto com os papéis do divórcio.

Reserve um tempo para anotar todas as impressões que você e seus amigos receberem. Deixe todos os que estão orando com você dizerem o que perceberam no tribunal. Este é um passo importante porque o veredicto do juiz é vinculativo para todas as partes. Pergunte ao Espírito Santo se Ele deseja ajudá-lo a ouvir e compreender a voz do Juiz.

Descreva passo a passo qual é o veredicto do Juiz Celestial neste caso. Tente escrever o que Ele lhe disse sobre suas demandas específicas de compensação.

Quando você começa a orar nas cortes do céu dessa maneira, pode ser muito emocionante. Esta é talvez a primeira vez em sua vida que você fala sobre a injustiça que foi feita a você. Perceba que ouvir a voz do Senhor é um processo aprendido. Talvez seja uma boa ideia pedir a algum amigo de confiança que possa ajudá-lo com isso. Eles podem ser mais capazes de discernir o que o Espírito está dizendo a você.

Coloque o veredicto que você recebeu em uma mão aberta. Aprenda a confiar no Pai quando Ele fala com você. Abra-se para corrigir quando perceber que as coisas estão diferentes do que você esperava. Não se esqueça de que Deus, como seu Pai, ansiava muito por você comparecer ao tribunal. Ele o ama e o ajudará nesse processo.

> Declaro e decreto que recebi os papéis do divórcio assinados pelo Juiz Celestial. Eu decreto e declaro que toda aliança que foi feita entre mim, meus ancestrais e qualquer poder inimigo está sendo destruído, anulado e eu declaro que não tem poder sobre mim ou minha família.

Veredicto do caso _____ (escreva seu nome) contra _____ __ (escreva o nome de seu oponente) em _____ (data) em _____ (lugar).
1.
2.
3.
4.
5.
6.

Conclusão da Sessão da Corte

Depois de receber o veredicto do Juiz Celestial, chegou a hora de encerrar esta sessão do tribunal. Você, portanto, peça ao Juiz Celestial para encerrar esta sessão e abençoar todos os que estão presentes nela.

> Juiz Celestial, eu te agradeço por sua bondade e misericórdia. Agradeço-te por teres julgado com justiça de acordo com a tua palavra. Eu louvo o seu nome e te honro. Senhor Jesus, Você é digno de receber todo o poder, riquezas, sabedoria, força, honra, glória e ação de graças, para todo o sempre. Espírito Santo, agradeço por ter me ajudado neste caso judicial com toda a sabedoria e conselho.
>
> Juiz celestial, peço a direção do Espírito Santo e dos Sete Espíritos de Deus, para poder executar o veredicto escrito. Peço permissão para liberar as Hostes do céu em meu nome, para executar o julgamento por escrito.
>
> Juiz Celestial, peço-lhe que encerre esta sessão do tribunal. Declaro que realizei esta sessão sob a autoridade de Jesus Cristo e que estou protegido por Ele após esta sessão.

Depois de receber o veredicto por escrito do Juiz Celestial, comece a proclamá-lo. Esteja ciente de duas armadilhas diferentes. A primeira armadilha tem a ver com subestimar o poder do veredicto. Quando nada parece acontecer depois de receber o veredicto, você pode começar a pensar que nada aconteceu. Ou isso foi apenas uma imaginação. Mas nada poderia estar mais longe da verdade. Quando você entrou no tribunal pela fé, você entrou no domínio do Juiz eterno. Mas você precisa de perseverança para receber as coisas que foram prometidas a você. Continue de pé e coloque sua fé em Deus, assim como a viúva que perseguiu o juiz terreno.

A segunda armadilha tem a ver com superestimação. Você já decidiu como os resultados do seu processo judicial devem se manifestar em sua vida. Mas até que o encontremos face a face, sempre precisamos orar e pesar cada impressão que recebemos Dele. Comece procurando evidências bíblicas de que as palavras que você escreveu são biblicamente corretas. Examine-se e pergunte a alguns amigos o que eles acham disso. Esteja aberto para correção, seja paciente. Assim como Daniel teve que esperar até que as palavras que ele recebeu fossem cumpridas e o veredicto fosse manifestado na terra.

4

Referências Bíblicas

Gênesis 1:26
Gênesis 15:9,10,17
Gênesis 18:21
Gênesis 18:25
Gênesis 21:32
Gênesis 3:8-20
Gênesis 31:10
Gênesis 4:10
Êxodo 18:21-23
Êxodo 20:6
Êxodo 23:1-13
Êxodo 23:1-8
Êxodo 26:33-34
Êxodo 32:11-14
Deuteronômio 10:18
Deuteronômio 11:17-18
Deuteronômio 32:36
Josué 9:15
Josué 9:6,15
Juizes 17:6
Juizes 21:25
1 Samuel 11:1
1 Samuel 9:9
2 Samuel 1:11-12
2 Samuel 21:1
1 Reis 22:19-22
1 Reis 8:49
2 Reis 2:19-22
2 Reis 6:16-17
1 Crônicas 28:9
2 Crônicas 16:9
Neemias 2:19
Ester 3:1-5
Jó 1:6-12
Jó 13:17-19
Jó 15:8
Jó 2:1,7
Jó 2:6
Jó 23:4-7
Jó 42:5
Salmos 2:2-3

Salmos 9:5
Salmos 15:4
Salmos 17:1-2
Salmos 18:47
Salmos 18:3-4
Salmos 19:14-15
Salmos 32:5
Salmos 36:6-7
Salmos 40:8-9
Salmos 43:1
Salmos 45:7, 8
Salmos 51
Salmos 53:5-7
Salmos 54
Salmos 59
Salmos 89:8-15
Salmos 93:1-5
Salmos 97:1-3
Salmos 97:2
Salmos 100:4- 5
Salmos 110
Salmos 139
Salmos 149:5-9
Provérbios 18:8
Provérbios 20:6
Provérbios 24:17-18
Provérbios 25:2
Eclesiastes 5:3-6
Eclesiastes 8:9
Eclesiastes 10:20
Isaías 1:18
Isaías 5:16
Isaías 6:1-13
Isaías 6:8
Isaías 9:7
Isaías 11:2
Isaías 14:16
Isaías 19:17
Isaías 33:22
Isaías 43:25-26
Isaías 54:17

Jeremias 1:4-10
Jeremias 23:18
Jeremias 29:11
Jeremias 50:33-34
Jeremias 51:36a
Ezequiel 18:4
Ezequiel 18:23
Ezequiel 18:32
Ezequiel 22:30
Ezequiel 23:36
Ezequiel 33:11
Daniel 7:9-10
Daniel 7:13-14
Daniel 7:22
Daniel 7:26-27
Daniel 10:21
Joel 2:25
Amós 3:7-8
Miquéias 7:9;
Naum 1:2
Zacharia 3:1-2
Zacarias 5:1-4
Mateus 1:19-20
Mateus 3:2
Mateus 5:25-26
Mateus 5:44
Mateus 5:8
Mateus 6:13
Mateus 7:1-3
Mateus 8:6-10
Mateus 11:11
Mateus 13:13-17
Mateus 13:57
Mateus 16:19
Mateus 17:2
Mateus 18:15-17
Mateus 24:7
Mateus 24:37-39
Mateus 26:62-66
Mateus 28:18
Marcos 1:15

Marcos 14:27	Atos 15:4-5	Efésios 6:12
Lucas 9:54-56	Atos 17:11	Colossenses 1:18
Lucas 11:2	Atos 17:21	Colossenses 2:13-15
Lucas 14:27,33	Atos 19:13-20	1 Tessalonicenses 5:23
Lucas 18:1-9.	Romanos 5:1	Hebreus 1:13-14
Lucas 21:31	Romanos 5:8,10	Hebreus 1:8-9
Lucas 21:9	Romanos 5:12-19	Hebreus 4:3
Lucas 22:2	Romanos 6:6-7	Hebreus 4:16
Lucas 22:31-32	Romanos 8:1-2; 31-34	Hebreus 5:12-14
Lucas 23:7	Romanos 8:1	Hebreus 7:25
Lucas 23:22-24	Romanos 8:19	Hebreus 8:5
João 1:12	Romanos 8:28	Hebreus 9:12
João 1:17	Romanos 8:31-33	Hebreus 9:22
João 6:60-66	Romanos 12:2;	Hebreus 10:5-7
João 7:16-17	Romanos 12:17-20	Hebreus 10:13
João 7:24	Romanos 12:18	Hebreus 10:19-23
João 7:52	Romanos 14:17	Hebreus 10:36
João 8:38	1 Coríntios 1:23	Hebreus 11:3
João 10:4	1 Coríntios 2:9-13	Hebreus 12:1-2
João 11:47-48	1 Coríntios 2:13-16	Hebreus 12:24
João 14:6	1 Coríntios 15:44	Tiago 4:8
João 14:30-31	1 Coríntios 6:1-3	Tiago 5:12
João 17:4	1 Coríntios 10:16	1 João 1:8-2:2
João 18:29	1 Coríntios 11:16	1 João 2:1-2
João 18:30-31	1 Coríntios 14:33	1 João 2:1
João 20:23	2 Coríntios 1:21-22	1 João 3:2
Atos 1:3-9	2 Coríntios 4:4	Judas 1:9-10
Atos 3:19	Gálatas 1:15-16	Apocalipse 1:10-12
Atos 4:27-28	Gálatas 5:2-3	Apocalipse 3:18
Atos 5:1-11	Efésios 1:5	Apocalipse 4:1
Atos 5:38-39	Efésios 1:17-19	Apocalipse 5:1-6
Atos 6:3-4	Efésios ns 1:20-2:8	Apocalipse 7:17
Atos 7:48	Efésios 2:6	Apocalipse 12:10
Atos 9:1-2	Efésios 2:10	Apocalipse 19:8-10
Atos 13:36	Efésios 3:6,12	Apocalipse 20:12
Atos 15:28	Efésios 4:11-13	

Seraph Creative é um grupo de artistas, escritores, teólogos e ilustradores que desejam ver o corpo de Cristo crescer em plena maturidade, caminhando em sua herança como Filhos de Deus na Terra.

Assine nosso boletim informativo para saber sobre o lançamento do próximo livro da série, bem como outros lançamentos emocionantes.

Visite nosso website :

www.seraphcreative.org

www.ingramcontent.com/pod-product-compliance
Lightning Source LLC
Chambersburg PA
CBHW071548080526
44588CB00011B/1830